Denis Grozdanovitch

Von der Kunst, die Zeit totzuschlagen

Aus dem Französischen
übersetzt von Tobias Scheffel

liebeskind

Die Liebhaber der Langsamkeit haben einen schweren Stand. Immer schneller bewegen sich die Menschen durch ihr Leben, ohne freilich zu wissen, wohin es sie treibt. Denis Grozdanovitch ist einer der wenigen, die im mysteriösen Durcheinander der Welt eine bewundernswerte Unbekümmertheit an den Tag legen. In seiner kleinen Abhandlung über die Kunst des Zeittotschlagens legt er dar, wie man sich der allgemeinen Hektik unserer Tage entzieht. So wird dem geneigten Leser die Bedeutung vieler vermeintlich sinnfreier Beschäftigungen vor Augen geführt: das Bauen von Modellflugzeugen, Angeln, nachmittägliche Besuche der Cinemathek, Drachen steigen lassen ... Im Grunde sind Müßiggänger selten untätig, sie widmen sich einfach nur Tätigkeiten, die die herrschende Meinung als unnütz erachtet.

Boswell: Beim Müßiggang überkommt uns Langeweile.

Johnson: Das liegt daran, dass die anderen beschäftigt sind, wir aber Gesellschaft wollen, Sir; wären wir alle müßig, gäbe es keine Langeweile; wir würden uns alle gegenseitig zerstreuen.

Häufig gehe ich nachmittags in die Vier-Uhr-Vorstellung der Cinémathèque im Palais Chaillot. Dort begegne ich regelmäßig derselben Bande von alten Kinobegeisterten, der ich mich zwar nicht zugeselle (zumindest noch nicht), die ich aber verstohlen beobachte. Man müsste für sie einen neuen, der »Leseratte« entsprechenden Ausdruck erfinden: »Kinomaus« vielleicht …

Sie erscheinen jeden Tag pünktlich zum Treffen, bärtig, ungepflegt, in ihre alten, ausgebeulten Mäntel gehüllt, an denen Tabakkrümel hängen, die Pfeife im Mund oder eine halb erloschene Zigarettenkippe an der Unterlippe, halb erdrosselt von abgenutzten, schmutzigen Halstüchern oder Krawatten in der Farbe alter Filmrollen, schlecht gekleidet in ihren unförmigen Hosen, aus denen Hemden einer vergangenen Zeit hängen, fast alle mit verschlissenen, prallen ledernen Aktentaschen, vollgestopft mit Zeitungen, Fachzeitschriften, halb zerfledderten Büchern, zerknitterten Heften und häufig einer Menge weiterer verschiedenartiger Gegenstände, wie etwa Zinnsoldaten oder Modelleisenbahnen, mit denen sie vor und nach den Vorstellungen eifrig Handel treiben. Es ist schwierig, herauszufinden, ob sie irgendeinen Beruf oder ein gesellschaftliches Amt ausüben; alle scheinen frei über ihre Zeit zu verfügen. Die meisten sind sehr bleich, und man erahnt, dass sie den größten Teil ihrer Zeit in Bibliotheken, Trödelläden und Kinosälen verbringen. Durch den ständigen Kontakt mit Druckbuchstaben und flackernden Leinwandillusionen sind ihre Augen gerötet, die Pupillen geweitet, und ihr Blick geht ins Leere. Bei Tageslicht, vor allem, wenn die Sonne scheint, bemerkt man leicht, dass er sich im Freien nicht auf die Dinge einstellen kann.

Nach den Vorstellungen machen sie sich mühsam wieder auf den Weg, Arm in Arm, mit leiser, erregter Stimme wie Verschwörer über die verschiedenen Fassungen des Films (die sie alle kennen), die Namen der Schauspieler und ihre jeweiligen Vorzüge palavernd, werden dabei bisweilen heftig, ereifern sich und verteidigen mit einer völlig unkontrollierten lyrischen Verve die Leistung eines ihrer Favoriten, der von den Freunden schlechtgemacht wurde – wobei sie ihre Tasche hin und her schlenkern und der Schirm ihrer Mütze über die leicht irritierten Augen gezogen wird, um der zu großen Helligkeit der Realität zu entgehen. Man ahnt, dass sie in Mansardenzimmer zurückkehren – welche bis oben hin angefüllt sind mit Büchern, Schallplatten, Nippes, Fotos, Zeitungen und in den Ecken aufeinandergestapelten Kartons –, wo sie in einer schwarzen, nach ranzigem Fett riechenden Pfanne auf einer altertümlichen, geerbten Kochplatte das Essen alter schrulliger Sonderlinge zubereiten.

Unter ihnen gibt es ein paar Frauen: mager, mit ausgemergelten Gesichtern und Brillen, hinter denen ihre kurzsichtigen Augen unbestimmt umherirren ... Sie sagen fast nichts, halten sich immer im Hintergrund und verschwinden ebenso diskret, wie sie gekommen sind, heimliche Schatten des Lebens ...

Man spürt, dass die Mehrheit von ihnen nur über den Umweg des Fiktiven mit den Wendungen und möglichen Turbulenzen des Lebens konfrontiert wurde: Sie sind Liebhaber von Träumen ...

Mir wird bewusst, dass diese Menschen bis auf Kleinigkeiten dieselben Typen sind wie jene, die damals zum Billard-, Karten- und Schachspielen in die Académie Roger-Conti an der Place des Ternes kamen, als ich dort meine Nachmittage verbrachte.

Ich erinnere mich jener langen, bis ins Unendliche verlängerten Stunden unter dem spärlichen Licht der hoch hängenden Lampen, inmitten von Rauchschwaden, die über jedem Tisch und den auf dem Rand der Billardtische abgestellten Aschenbechern wie winzige, dem Gott des Glücks dargebrachte Opferfeuer wirkten, im halblauten Gemurmel, das in regelmäßigen Abständen von den Auseinandersetzungen der Tarotspieler und dem leisen Klacken der glänzenden Kugeln auf dem grünen Filz unterbrochen wurde, inmitten dieser Ansammlung von exzentrischen Außenseitern verschiedenen Alters und unterschiedlicher Herkunft: junge zynische oder resignierte Arbeitslose, pedantisch planende reaktionäre Rentner, großmäulige Kuppler, kleine Profispieler, die von ihren Gewinnen kümmerlich ihr Leben fristeten, kleine Gauner und Betrüger, sanftmütige, resignierte Privatiers, unbekümmerte philosophierende Kiebitze ... – alle leicht verrückt, in ihrem Verhalten gestört, mit verstiegenen Marotten und haarsträubenden nervösen Ticks, die ihre egozentrischen Monologe mit bizarren Ausdrücken schmückten, die sie hier und da bei ihren autodidaktischen Lektüren zufällig aufgelesen hatten – und die alle mehr oder weniger geschickt einen unterschwelligen größenwahnsinnigen Stolz verbargen, der sich in bestimmten Krisenmomenten offenbarte: wenn einer ihrer Siege auf taktischer Ebene angezweifelt wurde, wenn ihr möglicher Bezwinger eine zu offensichtliche Befriedigung an den Tag legte oder wenn ein bestimmtes Gespräch eines ihrer Lieblingsthemen streifte.

Das waren Gelegenheiten, bei denen sie sich wetternd in einer langen Folge verworrener sarkastischer Bemerkungen ergingen, die sie für brillant, und einer Reihe abstruser Urteile, die sie für endgültig hielten, all das gewürzt mit allgemeinen schulmeisterlichen Betrachtungen, die weit über das Thema hinausgingen und von denen man nichts begriff, doch deren Scharfsinn man an dem leisen, selbstgefälligen, ironischen Lachen spüren konnte, welches die jeweiligen Höhepunkte begleitete – und plötzlich (meistens zur großen Verblüffung des »Unschuldigen«, der die Kühnheit besessen hatte, naiv ihre Lieblingsstrategie zu durchkreuzen, und ihnen damit die Show stahl, ohne es zu merken ...) ihr Erbarmen für die Masse derer enthüllten, die viel zu häufig den fatalen Fehler begingen, ihre Sichtweise zu ignorieren.

Vor allem meine Schachpartner bildeten eine erstaunliche Porträtgalerie.

Einer von ihnen, Herr Huber, ein alter österreichischer Lehrer, winzig, Halbglatze, im Allgemeinen in Golfhosen, nie liebenswert, hinter kleinen ovalen Brillengläsern mit Goldrand stets erzürnt die Augen rollend, war im Innersten davon überzeugt, ein verkanntes Schachgenie zu sein, und hatte die Angewohnheit, wenn einer von uns jungen Spielern es wagte, einen Angriff gegen den Betonbunker seiner Rochade zu starten, mit deutlichem Akzent und hysterischer Kopfstimme zu jaulen (was den ganzen Saal empörte): »Ah, jeetzt ... Die spoatliche kadholische Jugend! Wunderboar! Die scheene unschuldige Jugend!« Daraufhin sammelte er sich einen Moment lang, sprang dann buchstäblich mit einem Satz von seinem Stuhl, schnappte sich einen der eigenen Läufer – den er wie ein Springteufelchen von seiner Ausgangsposition emporschnellen ließ –, um ihn unter großem Getöse inmitten der gegnerischen Figuren, welche dann stets bis unter den Tisch gewirbelt wurden, wieder landen zu lassen ... während er lauthals frohlockte (und damit den erneuten Protest der gestörten Versammlung auslöste): »Was sagn S' dazu, junger Mann? Ah, jeetzt ... Mit solchen Pfadfindertricks wern S' den olten Huber net aus der Fassung bringan!« Und griesgrämig setzte er sich bis zum nächsten Alarm wieder auf seinen Stuhl.

Rosenfeld wiederum, ein dicker, sanfter, verträumter Jude von einer etwas unterwürfigen Liebenswürdigkeit, immer den Hut auf dem Kopf, rieb sich, wenn er einmal einwilligte, mit uns zu spielen – im Allgemeinen zog er es als guter »Kiebitz« vor, sich neben Tische zu setzen, an denen bereits Partien liefen, um sie sarkastisch zu kommentieren –, und es uns gelang, ihn ein klein wenig in Schwierigkeiten zu bringen, zunächst das Kinn, während er lange nachdachte, dann verzog er schmerzlich das Gesicht und murmelte: »Also, mein lieber Herr, da bringen Sie mich wirklich in Schwierigkeiten … Ja, ja, in Schwierigkeiten … Wie komm ich aus dieser Falle nur wieder raus?« – Schweigen – dann von Neuem: »Gott, ist er böse zu mir! Ha! Ich weiß nicht mehr weiter … Was Sie mir da antun wollen, ist wirklich gemein, das hätte ich Ihnen nie zugetraut, mein lieber Herr, Sie erstaunen mich!«, und so lamentierte er eine gute Weile, was ihm erlaubte, Zeit zu gewinnen, bevor er schließlich mit einer ausladenden Geste der Machtlosigkeit resigniert aufseufzte und sagte: »Nun gut, ich muss ja ziehen, nicht wahr? Ich sehe, Sie werden ungeduldig … doch, doch, ich sehe es! Und da ich spielen muss, sehe ich leider keine bessere Möglichkeit als das hier!« Und ganz behutsam schob er uns, mit offensichtlich unsicherer Hand und ohne die Figur vom Brett zu nehmen, einen allein stehenden Bauern entgegen, dessen Position uns bis dahin absolut unbedeutend erschienen war, sich aber vier oder fünf Züge später als Schlüsselelement einer ausweglosen Umzingelung entpuppte, die zum Aufgeben zwang. Das wiederum ließ ihn ausrufen: »Ach! So was aber auch! Hatten Sie das denn nicht gesehen? Oh! Da hatte ich aber

Glück, dass Sie heute so zerstreut sind! Doch, doch, großes Glück! Glauben Sie mir, ich bin untröstlich, mein lieber Herr, na gut, spielen wir noch eine Partie; ich bin sicher, dass Sie diese leicht gewinnen. Sie sind jung und viel besser als ich. Doch, doch, da bin ich mir sicher.« Und dasselbe Szenario wiederholte sich auf fast identische Weise, ohne dass es uns je gelungen wäre, auch nur eine einzige Partie gegen Rosenfeld zu gewinnen!

Moullimard, ein großer, etwas dandyhafter, schlaksiger Kerl, immer mit einer Zigarettenspitze bewaffnet, die er mit eleganter Geste aus dem Mund nahm, um uns besser verspotten zu können, während er zwischen den Tischen umherging, war stets auf der Suche nach einer strategisch hoffnungslosen Situation. Sobald er eine solche entdeckt hatte, zwang er mit entsprechend beißendem Spott den Schiffbrüchigen mehr oder weniger, ihm seinen Platz zu überlassen, und mit wenigen, fast wie Zaubertricks anmutenden Zügen brachte er die Sache wieder in Ordnung und holte sogar einen Vorteil heraus – worauf er das Interesse verlor und es vorzog, die zurückgewonnene Position wieder dem ursprünglichen Spieler zu überlassen, der sich übrigens sogleich daranmachte, sie erneut systematisch zu zerstören, da er von der Art und Weise, in der Moullimard ihn aus dem Schlamassel gezogen hatte, absolut nichts begriffen hatte. Das Seltsamste bei diesem Rettungsspezialisten, dem einzigen wirklichen Schachtalent unter uns, war nun, dass er sich – wenn es gelang, ihn zur Beendigung einer Partie zu zwingen, die er vor der Katastrophe gerettet hatte – in dem Moment, da er nicht mehr in die Enge getrieben war, als unfähig entpuppte, sie zu einem guten Ende zu bringen, und sich in derart komplizierten Kombinationen verstrickte, dass diese sich schließlich gegenseitig aufhoben und ihn in eine erbärmliche Niederlage gegen jene führten, über die er sich zuvor so sehr mokiert hatte.

Ein Letzter, Tony – Algerienfranzose, ein immer wie aus dem Ei gepellter Beau, der stets den feinen Mann spielte, von den Sekretärinnen, die an der Bar etwas tranken, vergöttert wurde und gegen fünf vom Pferderennen in Longchamp oder Auteuil kam, wo er gerade »Unheil angerichtet« hatte, mit Geldscheinbündeln protzend, die er aus seiner Gesäßtasche zog und an denen er uns schnuppern ließ, jeden Tag mit einem anderen Schal ausstaffiert (immer von jener »lebhaft gemusterten« Art, die einen sofort melancholisch stimmt) –, Tony also hatte für den Fall eines Misserfolgs eine furchterregende Strategie entwickelt: Er tat, als rege er sich auf, und begann dabei einen Wortwechsel mit einem der unweigerlich herumstehenden Zuschauer, um ihn an das Gebot des Fair Play zu erinnern, wandte dazu wie unter einem Anflug höchster Erbitterung den Kopf ab, spielte aber durchaus weiter, wobei er allerdings die Figuren heftig auf das Schachbrett schlug, da er augenscheinlich das Interesse an der Partie verlor, und sie mit bemerkenswerter Geschicklichkeit genau auf die Grenze zweier Felder setzte ... – was es ihm ermöglichte, wenn wir es nicht schnell genug bemerkten, mit einem einzigen Zug eine für ihn umso unverhofftere und für uns umso überraschendere Kombination auszuführen, als die entsprechende Figur von einem Feld kam, auf dem sie nie hätte stehen dürfen ... Wenn ihn jedoch jemand darauf aufmerksam machte, entrüstete er sich derart darüber, dass er, in seiner Ehre als Gentleman gekränkt (und zwar umso mehr gekränkt, als die Sache schlecht für ihn lief), sich frei fühlte, uns verächtlich dem zu überlassen, was er dann als unser »kleines Spiel für Armselige« zu bezeichnen pflegte.

Heute erinnere ich mich mit einem gewissen Erstaunen an diese unendlichen Stunden, in denen wir, zurückgezogen von der gewöhnlichen Welt und die Augen starr auf die weißen und schwarzen Felder dessen gerichtet, was für uns zu einer wahren Parallelwelt geworden war, Schritt für Schritt und so verzweifelt, als hinge unser Leben davon ab, darum kämpften, die zum Preis sinnloser und ermüdender abstrakter Gedankenkonstruktionen erworbene strategische Vorherrschaft über die an sich reglosen, wenn auch durch unsere besessenen Vorstellungen mit dynamischen, ungestümen Bewegungen versehenen Armeen jener tristen, von Milliarden Berührungen verschmutzten Holzfigürchen mit abgegriffenem Lack zu behalten.

Es gibt in Paris eine Vielzahl von Orten, an denen sich standhaft die Gattung jener erhält, die keinen anderen Ehrgeiz haben, als Tag für Tag die kleinen Freuden zu genießen, die sie sich abseits vom Lauf der Welt bewahrt haben: die Quais der Seine, Rennbahnen, heimliche Spielhöllen, Billardsäle, Schach-, Bridge- und Tennisklubs, Vereine für Dichtkunst, Gesellschaften zur Pflege des alten Courte-Paume-Spiels (im Trocadéro), des Longue-Paume-Spiels[1] (im Jardin du Luxembourg), Institute für obskure Studien aller Art, Sekten von Anbetern der SNCF und von »Sorgfältigen-Beobachtern-in-Bahnhöfe-einfahrender-Züge«, Gesellschaften für den Schutz der Kolibris, düstere Nebenzimmer, in denen seltene Briefmarken, altertümliche, ausgebesserte Spielsachen, in grellen Farben bemalte Zinnsoldaten, alte Medaillen, Pfeifen unterschiedlichster Herkunft, prähistorische Beile, Talismane von Pygmäen, Fotos von UFOs oder was weiß ich nicht alles getauscht werden … bis hin zu den Verschlüssen von Sprudelflaschen, die manche sammeln.

Dann gibt es noch die Treffen der Pétanque-Fanatiker, die von den Pariser Parks und Grünanlagen ebenso untrennbar geworden sind wie die Tauben, sowie die Zusammenkünfte der Würfel- oder Yam-Spieler, die über ganze Tage hinweg unermüdlich immer wieder jenem kleinen emotionalen Schock nachjagen, der von jener flüchtigen

Illusion hervorgerufen wird, durch einen glücklichen Würfelwurf vom Schicksal begünstigt worden zu sein ... Und dann natürlich jene Hunderte, jene Tausende von Cafés, in denen unzählige Kartenspieler lange Pariser Nachmittage verbringen – im Halbdunkel verkratzter, rauchiger Spiegel, in der sanften Behaglichkeit des in kleinen Schlucken genossenen Wermuts, mit Gauloises, die man in Kette raucht, ohne sie auszudrücken, den ewig gleichen Scherzen und dem dicken Tuch auf dem Tisch, um den die vertrauten Gestalten zum Spiel hocken ...

In seinen *Nuits de Paris* schmäht Restif de la Bretonne jene Sippschaft von Untätigen, die zu seiner Zeit offenbar zahlreicher war als zu unserer und die er die »Zeittotschläger« nennt. Er beschreibt ausführlich, was er als ihre Verkommenheit ansieht, und verordnet ihnen zur Stärkung Arbeit, als Gegengift zu dem, was er für ihre Lebensunfähigkeit hält. Der Schriftsteller, der nicht eben wenig Gründe hatte, die gängige Moral zu predigen, um sein eigenes ausschweifendes Verhalten vergessen zu machen, hat sich zur Zeit der Französischen Revolution, die er als Zuschauer erlebt und beschrieben hat, gewiss nicht vorstellen können, dass jemals eine Epoche wie die unsere kommen würde; eine Epoche, in der es, wie Julien Gracq (irgendwo in seinen *Lettrines*[2]) so vortrefflich sagt, derart viele Willensbekundungen und ausgestreckte Arme gäbe, die sich mit der Umwälzung und Umgestaltung der Welt abmühen, und so wenig Blicke für deren einfache Betrachtung, dass es noch zur Verordnung von so etwas wie der »bedeutenden Würde der Faulen« käme.

Hätte Restif, jener »Flaneur beider Ufer«, übrigens genauso reagiert, wenn er hätte vorausahnen können, was eines Tages die vorangetriebene Industrialisierung, die Standardisierung und Gleichmacherei von Arbeit, Sitten und Meinungen bedeuten würden?

Wer hätte zu seiner Zeit voraussehen können, dass diese denkwürdige Französische Revolution langfristig ebenjene Werte stärken würde, die sie hatte bekämpfen wollen? Wer hätte vorausgesagt, dass das dem Christentum teure Erlösungsleiden in Form der in den Rang eines unantastbaren Dogmas erhobenen Arbeit wiederauftauchen würde? Dass genau diese Arbeit, beschleunigt, verbreitet und durch den Einsatz von Maschinen nicht im Geringsten vermindert, eine derartige Ausweitung erfahren, eine derart unkontrollierte Geschwindigkeit annehmen würde, dass sie für die Menschheit nutzlos, ja sogar gefährlich werden würde? Dass diese Überproduktivität eine solch sinnentleerte Betriebsamkeit hervorbringen würde, dass die Mehrheit der Menschen unter dem Vorwand zu arbeiten nichts anderes mehr tun würde, als den größten Teil ihres Lebens einem zerstörerischen Überdruss zu opfern, und dies im Austausch gegen immer zweifelhaftere materielle Güter? Dass der Konsum dieser im Übermaß vermehrten materiellen Güter selbst zu einer Art obligatorischer Arbeit werden würde? Dass schließlich der bewusste oder unbewusste Widerstand gegen diesen Mechanismus fast heroisch, asketisch werden würde – und dass es in dem Sinne, wie es Restif zu seiner Zeit verstanden hatte, durch eine außerordentliche Umkehrung gerade die ehrbaren Arbeiter sein würden, die sich unwissentlich in »Zeittotschläger« verwandeln?

Ja, hätte Restif – der sich gerne die Zeit nahm, auf den Quais der Seine zu stöbern, immer auf der Suche nach etwas Neuem: einem Buch, einer jungen, einnehmenden und nicht allzu scheuen Magd, einem schimpfenden Greis oder Banden von »Straßenjungen«, die er schelten konnte –, hätte er je geahnt, dass wir Pariser am Anfang des 21. Jahrhunderts praktisch unfähig würden, noch das einfache, ganz einfache Gefühl zu empfinden, zu leben – schlicht und froh – wie die Fische, die keine andere Anstrengung unternehmen müssen als einen »leichten, präzisen Ausgleichsschlag mit der Schwanzflosse«, um sich in der Strömung zu halten? Dass die wenigen Davongekommenen, die noch einen Funken Klarsicht über diese fortschreitende Entfremdung bewahren, sich schließlich selbst, von ihrem Verlangen zu überzeugen großzügig hinweggetragen, methodischen und mühsamen Argumentationen zuwenden, um uns Sorglosigkeit zu predigen?

Dabei hatte doch Robert Louis Stevenson, sicherlich eines der scharfsinnigsten Wesen, die je auf dieser Erde erschienen sind, am Ende des vorletzten Jahrhunderts in aller Bescheidenheit zu zeigen versucht, dass die Müßiggänger gewisse Rechte besitzen, darunter das Recht, toleriert und nicht von genau jenen schikaniert und verfolgt zu werden, zu deren Naturell und unwandelbarem Temperament es sowieso und ganz offensichtlich gehört, aktiv zu sein und zu produzieren. Hören wir, was er uns am Beginn seiner *Apologie der Müßiggänger*[3] erklärt:

»Heutzutage, da jeder, der sich nicht eine Verurteilung in Abwesenheit wegen Ehrbeleidigung zuziehen will, gezwungen ist, einen einträglichen Beruf zu ergreifen und darin mit etwas zu arbeiten, das Begeisterung ähnelt, riecht eine Klage der gegnerischen Seite, welche sich mit dem begnügt, was sie hat, und fordert, Zuschauerin zu bleiben, und dabei die verstreichende Zeit genießt, ein bisschen nach Trotzhandlung, wenn nicht nach Aufschneiderei. Doch sollte das nicht so sein. Der Müßiggang, wie man ihn nennt, der nicht etwa darin besteht, nichts zu tun, sondern vieles zu tun, was von den dogmatischen Vorschriften der herrschenden Klasse nicht anerkannt wird, hat ebenso sehr das Recht, Stellung zu beziehen, wie der Fleiß selbst. Man muss wohl zugeben, dass die Existenz von Menschen, die es ablehnen, sich um einiger ›Six penny‹-Münzen willen am großen Hindernislauf zu beteiligen, zugleich eine Beleidigung und eine Enttäuschung für diejenigen darstellt, die daran teilnehmen. Ein braver Junge (von denen wir so viele sehen) nimmt seinen Mut in beide Hände, entscheidet sich für den ›Sixpence‹ und ›stürzt sich ins Getümmel‹. Kann ihn seine Verbitterung erstaunen, wenn er sich verzweifelt auf der Straße abplagt und dabei nicht weit entfernt auf den Wiesen Menschen sieht, die im kühlen Grund liegen, ein Taschentuch über den Ohren und ein Glas in Reichweite?«

Zu Recht bemerkt Stevenson, dass Müßiggänger selten untätig sind, sondern sich ganz einfach nur Tätigkeiten widmen, die die Obrigkeit als unnütz, wenn nicht gar schädlich ansieht; eine Verurteilung, der sich das Abfassen dieses Textes gewiss ebenfalls aussetzt, befürchte ich …

Oblomow – sicherlich der berühmteste Faulpelz der westlichen Literatur, in dessen Verhalten sich ein Teil der berühmten Intelligenzija seiner Zeit so genau wiedererkannte, dass sie ihm ein neues Wort widmete: Oblomowtschina! –, Oblomow also ist ein erklärter Untätiger. Wenn jene, die ich hier zu beschreiben versuche, auch nicht des Oblomowismus überführt werden können, ganz im Gegenteil, so haben sie doch eine höchst schätzenswerte Eigenschaft mit ihm gemein: Aufgrund ihrer Unfähigkeit oder ihrer Weigerung, an der planenden, aktivistischen Hysterie der gegenwärtigen Gesellschaft teilzunehmen, kann man ihnen auch nicht den Vorwurf machen, zu deren Absurdität und Konfusion beizutragen (ist das nicht schon viel?); diese eher instinktive als wohlüberlegte Haltung lässt sie übrigens häufiger, als man erwarten könnte, nahezu heldenhafte Extrempositionen einnehmen: Da es ihnen nicht gelingt, sich dem kategorischen Imperativ anzupassen, der verlangt, dass Vergnügen und Arbeit deutlich voneinander getrennt werden müssen, ziehen sie es fast immer vor, auf das Notwendige zu verzichten, um sich dem Überflüssigen hinzugeben.

Zum Glück hat die gegenwärtige Gesellschaft gleichzeitig begonnen, und zwar vor allem durch die Hyperspezialisierung der Wissenschaften, die Grenze zwischen uns komischen Käuzen und den Menschen, die sie mit gutem Recht als respektabel erachtet, immer schmaler werden zu lassen, ja bei vielen Gelegenheiten sogar fast zum Verschwinden zu bringen. Es scheint sogar, als dürfe sie sich nicht mehr allzu oft erlauben, uns zu diskriminieren.

In der Tat hat man mir erzählt, die obersten Gremien des Nationalen Zentrums für wissenschaftliche Forschung hätten kürzlich die Anwandlung gehabt, einen ihnen unterstellten Wissenschaftler zu bestrafen, da dieser sich, von seinem Gehalt abgesehen, praktisch »verflüchtigt« habe. Ungeachtet des Umstandes, dass der Betroffene selbst die Strafe nicht als gänzlich unangebracht ansah, da ihm bewusst war, »den Bogen ein wenig überspannt zu haben«, wie er ohne Umschweife zugab, hatten sich alle seine Forscherkollegen in einer großmütigen Anwandlung zusammengeschlossen, um seine Rehabilitierung innerhalb der Institution zu erreichen, wobei es ihnen gelang, jenes deontologische Prinzip billigen zu lassen, das in höheren Instanzen von nun an sicherlich zum Präzedenzfall werden wird: »Ein Forscher ist gehalten zu forschen, nicht zu finden!« Man sieht, wie beruhigend dieser Vorfall auf uns wirken kann, der vielleicht, was uns betrifft, den Beginn einer Détente ankündigt und – wer weiß? – den Beginn einer offiziellen Anerkennung unserer Beschäftigungen.

Es sei mir gestattet, in dieser Angelegenheit ein paar weitere Erinnerungen wachzurufen.

Zu der Zeit, in der ich als junger Hoffnungsträger des französischen Tennis vom Verband verpflichtet worden war, mit ein paar Kameraden am wöchentlichen Training eines großen Pariser Vereins teilzunehmen, trieb dort mehr oder weniger offiziell ein Ballistikfachmann sein Unwesen, der wackere Monsieur Pelletier, der kurzsichtig wie ein Maulwurf war und uns mittels schematischer Darstellungen an der Tafel die wahrscheinliche Flugbahn der Bälle und ihren anzunehmenden Aufschlagspunkt je nach Art und Stärke unserer Schläge erklärte. Dieser Gelehrte, der in seinem ganzen Leben nie einen Schläger angefasst hatte, zeigte sich höchst überrascht, als wir ihm in der Praxis bewiesen, dass ein Ball sehr wohl eine Flugbahn einschlagen oder auf eine bestimmte Weise landen kann, die seine Theorie für unmöglich erklärt hatte. Aber da er nicht starrköpfig, sondern vor allem die reine Verkörperung eines Forschers war, beugte er sich, nachdem sich seine Überraschung gelegt hatte, mit verwunderter Treuherzigkeit – bisweilen sogar mit Begeisterung – den Tatsachen und machte sich wieder an seine geliebten Berechnungen, um die seltsamen Phänomene aufzuklären.

Als ich später regelmäßig ins Fürstentum Monaco reiste, stieg ich für gewöhnlich in einem winzigen Hotel ab, das versteckt am Ende einer schmalen, dunklen Sackgasse lag, in der die letzten Handwerker und Kleinhändler aus der Zeit Marcel Pagnols kümmerlich ihr Dasein fristeten.

Unvermeidlich traf ich dort auf zwei pensionierte Mathematiklehrer, Maréchal und Couturier, denen ihr mageres Auskommen erlaubte, jeweils ein Zimmer unter dem Dach zu bewohnen und ihre Mahlzeiten im Hotel einzunehmen, das zugleich Familienpension war. Diese alten Herren, die einen ehrwürdigen Eindruck machten, auch wenn sie in ihren abgewetzten Anzügen aus vorsintflutlichen Zeiten meistens ein wenig ungepflegt aussahen, verbrachten ihre Zeit mit unglaublich abstrusen und komplizierten mathematischen Gesprächen im Flüsterton, während derer sie nur für Eingeweihte verständliche schematische Darstellungen auf die Papiertischdecken zeichneten, die sie danach sorgfältig ausschnitten und in altertümlichen Ledertaschen verstauten, während sie besorgte, misstrauische Blicke zur Tür hinüberwarfen ... Ein Geheimagent hätte sie ganz sicher für eine nostalgische Nachhut von Anarchisten gehalten, die sich abmühen, eine letzte Rachebombe zu basteln.

Doch wenn schon Bombe, dann wäre es die sensationelle Schlagzeile auf den Titelblättern der Boulevardpresse gewesen, unmittelbar nachdem sie endlich anhand einer der mirakulösen Setzmethoden, die sie seit Jahren in aller Stille unermüdlich perfektionierten und deren Genauigkeit sie jeden Abend beim Roulette überprüften – immer kurz vor der Vollendung, aber leider nie ganz vollkommen –, die Bank des Casinos gesprengt hätten, zu welchem Zweck sie stets zwei prächtige Smokings anlegten, die sie auf Raten gekauft hatten und wie ihre Augäpfel zu hüten schienen. Ihre nicht enden wollenden Diskussionen führten gelegentlich dazu, dass sie sich weit über die vorgesehene Zeit hinaus beim Essen aufhielten; schließlich brachte man ihnen die jeweilige Rechnung, bei der sie jeden Tag getrennt ihren Anteil zu ermitteln pflegten, wobei sie sich beide in höchst komplizierte Operationen verstrickten und es nie schafften, sich zu einigen, bis Angelo, der liebenswürdige und geistreiche Oberkellner, der sie gut kannte, ihnen zu Hilfe kam und die Summe im Kopf ausrechnete.

So erlebte ich sie mehrere Jahre lang, bevor ich erfuhr, dass einer von den beiden, Maréchal, im Hotel einem Herzanfall erlegen war, wenige Stunden nachdem sie endlich eine recht ansehnliche Summe beim Roulette gewonnen hatten, allerdings ganz zufällig, da nämlich Couturier, gewöhnlich der Spieler der Mannschaft, dessen Sehkraft nachzulassen begann, auf dem kleinen Zettel, den er heimlich konsultierte, die Ziffern ihrer augenblicklichen Kombination falsch abgelesen und auf eine von der ursprünglich vorgesehenen leicht abweichende Zahl gesetzt hatte. Dieser Glücksfall, der gegen jede Voraussicht eingetreten war und allen Bemühungen der letzten Jahre widersprach, hatte Maréchal niedergestreckt und Couturier untröstlich gestimmt; Angelo zufolge war Letzterer in seine Heimatstadt Tourcoing zurückgekehrt, um dort melancholisch seinen Lebensabend zu verbringen, nicht ohne vorher die ungerechtfertigt gewonnene Summe der »Rationalistischen Union Frankreichs« vermacht zu haben.

Mein Großvater, ebenfalls ein unverbesserlicher

Spieler, wenn auch nicht im Geringsten wissenschaftlich interessiert (weit gefehlt), der in einer einzigen Nacht das kleine Vermögen verlor, das er zwischen den Weltkriegen in London angesammelt hatte, unterstützte später mehrere Jahre lang einen österreichischen Gelehrten, der in einem der hinteren Zimmer der Wohnung lebte, wo er – nach Auskunft meiner Mutter und ihrer Schwestern, denen gelegentlich gestattet wurde, die faszinierende Konstruktion zu bestaunen – eine kleine, höchst komplizierte Berg- und Talbahn aus Metallbaukastenteilen installiert hatte, über deren Hügel eine verchromte Bleikugel rollte, welche, war sie einmal vom höchsten Gipfel gestartet, fast wieder bis zu ihrem Ausgangspunkt kam (auf zehn oder fünfzehn Zentimeter genau), ohne jedoch jemals eine vollständige Runde zu absolvieren. Dieser große Gelehrte – der schließlich eines schönen Tages verschwand, nicht ohne zuvor meine Großmutter, so vermuteten wir in der Familie, in einem, wie ich für sie hoffe, weniger mechanischen Stil als dem seiner üblichen Experimente in die Freuden und Geheimnisse der ausgleichenden Physik eingeweiht zu haben – war auf der Suche nach dem Perpetuum mobile …

Der große Mathematiker Koenig hatte ausgerechnet, dass die ideale Wabe nicht exakt der entspreche, welche die Bienen in aller Unschuld in ihrem Stock errichten; folglich legte er ein leicht verbessertes Modell vor, das manche Imker sogar ihren Bienen aufzudrängen versuchten, allerdings erfolglos, wie man sagen muss, bis Cramer, ein weiterer großer Gelehrter, entdeckte, dass Koenig sich getäuscht hatte und die Abmessungen der ursprünglichen Wabe – welche die Bienen seit jeher benutzen und welche ein dritter Gelehrter, Maraldi, in der Zwischenzeit erneut sehr sorgfältig vermessen hatte – wirklich die bestmöglichen waren. Alles war wieder im Lot!

Der Exemplarischste von all jenen, denen zu begegnen ich Gelegenheit hatte, bleibt jedoch ohne jeden Zweifel Samuel Benguigui.

Dieser wohnte in Pau, im obersten Stockwerk eines modernen Hochhauses, das am Rand eines Hangs stand, der etwa hundert Meter in das Tal des Gave abfiel. Benguigui, siebzig Jahre alt und pensionierter Angestellter des öffentlichen Dienstes, war zum Fachmann für Aerodynamik geworden und verbrachte viel Zeit damit, auf der Grundlage wissenschaftlicher Berechnungen Baupläne von

Flugzeugen zu zeichnen, die, soweit ich mich erinnere, selbst schon höchst ästhetisch waren. War diese Vorbereitungsphase, die einen oder zwei Vormittage, selten mehr, in Anspruch nahm, abgeschlossen, wandte sich Benguigui dem eigentlichen Bau des Flugapparats zu, dessen Besonderheit darin bestand, dass er ausschließlich aus Papier gefertigt wurde (im Allgemeinen aus alten Ausgaben der Zeitung *Sud-Ouest*), Karton war verboten.

War diese Arbeit beendet, machte Benguigui, der sehr methodisch vorging, zunächst ein Foto des Prototypen, dann ging er, wenn geeignetes Wetter herrschte, zur feierlichen Endphase über, der Krönung aller Bemühungen der vorangegangenen Tage: dem Start!

Wenn ich anwesend war, was während einer bestimmten Zeit recht häufig vorkam, öffnete Samuel eine Flasche Sekt, und wir stießen an; dann näherte er sich mit bedächtigen Schritten dem Geländer des Balkons, der, wie ich schon sagte, ein weitläufiges Tal überragte, und schleuderte das papierne Luftschiff mit einer weiten, leicht emphatischen Geste in den gähnenden Abgrund. Daraufhin setzte er sich, in ein Plaid gehüllt, eine Mütze bis über die Ohren gezogen, in einen diesem Zweck vorbehaltenen Korbsessel und überwachte das Verhalten seiner Maschine, welches zwischen sofortigem Absturz und einem knapp einstündigen eleganten Gleitflug über dem Gave in Richtung der ersten Pyrenäenausläufer variieren konnte, die uns in ihrer stolzen, herablassenden Herrlichkeit gegenüberstanden; in einem solch günstigen Fall verfolgten wir die letzten Manöver, indem wir uns abwechselnd das Fernglas reichten, bis das zierliche Gerippe hinter einem Vorhang von Bäumen verschwand …

Inzwischen habe ich erfahren, dass Samuel Benguigui nicht der Einzige seiner Art war und diese auf der Welt recht verbreitete Beschäftigung die Bezeichnung »Papidurologie« trägt!

Zuletzt möchte ich noch auf die vor relativ kurzer Zeit erfolgte Gründung einer französischen Gesellschaft für Banalyse hinweisen, die bereits mehrere Hundert Anhänger im ganzen Land vereint.

Die Mitglieder dieser höchst ehrwürdigen Institution treffen sich zur vereinbarten Zeit an völlig beliebigen Orten – Bushaltestellen, Litfaßsäulen, Bahnhofsgaststätten usw. –, jedoch, und das ist das Bemerkenswerte an der Unternehmung, ohne einen bestimmten Grund für diese Zusammenkunft zu haben oder ohne sich etwas Besonderes erzählen zu wollen; nach dem, was ich verstanden habe, ist Letzteres sogar Bedingung. Es ist auch nicht Pflicht, tatsächlich zu den Treffen zu kommen, auch wenn diese Klausel Gegenstand einer der wenigen Streitfälle bei den seltenen Diskussionen ist, die sich unter Banalysten ergeben, wenn sie denn das Glück haben, sich zu treffen. Im Allgemeinen ist mit der Banalyse keinerlei bestimmte Regel verbunden, wie ihr Vorsitzender und Gründer entschieden und mit Begeisterung erklärt: »Man ist Banalyst, oder man ist es nicht, Punktum!«

Höhepunkt des banalytischen Jahres ist der große Kongress, der theoretisch alle Mitglieder für ein paar Tage am selben Ort vereint. Die Kongresse der vergangenen Jahre waren allesamt große Erfolge.

Nach Auskunft eines Banalystenpaares aus meinem Bekanntenkreis besteht die Tätigkeit der Teilnehmer im Wesentlichen darin, die Neuankömmlinge am Bahnhof so herzlich wie möglich zu begrüßen, sie dann in ihr Hotel zu begleiten und dabei so viele begeisterte Bemerkungen wie möglich zu machen, um den Wunsch nach Information über die Tagesordnung abzublocken, der seitens gewisser neuer, vom Geist der Institution noch nicht durchdrungener Mitglieder jederzeit zu befürchten steht. Beim Kongress selbst ist natürlich kein bestimmtes Thema vorgesehen, und jeder ist verpflichtet, sich unbedingt dann einzumischen, wann es ihm passt, vorzugsweise indem er diejenigen unterbricht, deren Worte sich gerade von strengster Banalität zu entfernen drohen. Nach ein paar Tagen ungezügelter Diskussionen, bei denen jeder aktiv am allgemeinen Stimmengewirr teilnimmt, ohne jedoch verpflichtet zu sein, seinem Gesprächspartner auch zuzuhören, trennen sich die Kongressteilnehmer und treffen Verabredungen für das laufende Jahr – wovon die meisten nie eingehalten werden, da die Mehrheit der Banalysten sich die Adressen auf lose Papierschnipsel notiert, die bald verloren gehen. Wie wiederum ihr Vorsitzender erklärt: »Die Banalyse will sich in nichts vom allgemeinen Leben unterscheiden, außer durch den Willen ihrer Mitglieder, sich dessen stärker bewusst zu sein, und durch ihren Wunsch, sich dessen gegenseitig zu versichern, und zwar so häufig wie möglich!«

In Wirklichkeit hat diese – unverbesserliche – Bevölkerungsgruppe von Exzentrikern und Originalen, von Dilettanten, »Zeittotschlägern« oder Banalysten stets überlebt, unabhängig von Herrschaftsformen, historischen Ereignissen und sozialen Umwälzungen – nicht abseits vom aktiven Leben, sondern dicht neben dran, parallel dazu, könnte man sagen; sanftmütig, aber beharrlich gleichgültig gegenüber allem, was nicht die eigenen Marotten betraf.

In meiner Jugend, wenn ich mich über den Gang irgendwelcher Ereignisse erregte, pflegte mein Vater zu sagen: »Vergiss nicht, Junge, dass es in der Geschichte der Menschheit stets Angler gegeben hat.« Nun erzählt Jünger in seinem Besatzungstagebuch, das ich erst sehr viel später gelesen habe, dass er beim Einmarsch in das nach dem Exodus verlassene Paris, gerade als er oben auf einem Panzer seiner Kompanie saß und über den Pont de la Concorde fuhr, unten am Fuß des Brückenpfeilers einen Kerl bemerkte, der friedlich angelte und in aller Ruhe seine Pfeife rauchte.

Ähnlich ist es, wenn wir ein beliebiges Museum alter asiatischer Kunst betreten und uns den chinesischen Sammlungen zuwenden: Gewiss stoßen wir irgendwann auf eine jener hinter einer Glasscheibe schwach beleuchteten, von einem der geheimnisvollen Ch'an-Künstler in alten Zeiten fein bemalten großen Pergamentrollen und sehen auf ihr, höchstwahrscheinlich in ihren funkelnden, bunten Uniformen, die unzähligen, gefährlich brutalen Kämpfer zweier gegnerischer Armeen, die herrliche, grell bemalte Banner schwenken, auf denen Drachen Feuer speien, während sie sich in gnadenlosen Kämpfen freigiebig in Stücke hauen.

Vertiefen wir unsere Betrachtung, so entdecken wir bald in einer Ecke der Rolle, im Allgemeinen hinter einer dichten Baumreihe versteckt, einen halb mit Seerosen bedeckten Teich, in den sich fröhlich sprudelnd ein Sturzbach ergießt, der in anmutigem Zickzack den Berg herunterfließt. Auf diesem Teich ruht unter den herabhängenden Zweigen einer Weide, die zwischen anderen, von zierlichen weißen Blüten gekrönten Bäumen steht, unweit einiger zwischen Nebelschwaden auf dem Wasser treibender meditativer Enten, eine Barke, in der eine kleine Gestalt mit Strohhut sorglos angelt. Und wenn wir dann noch die Geduld haben, die gelehrten Anmerkungen zu entschlüsseln, mit denen diese Malereien gewöhnlich versehen sind, so erfahren wir, dass der Angler (insbesondere, wenn er vom Reiswein ein wenig betrunken ist) für die Ch'an-Eremiten das vollkommene Symbol von Weisheit darstellt. Auf einer dieser Rollen, die sich im Metropolitan Museum in New York befindet, wurde der winzige, in Chinesisch kalligrafierte Sinnspruch neben dem Kopf des Anglers ins Englische übersetzt. Er lautet:

Right and Wrong reach not where men fish
Glory and Disgrace dog the official riding his horse.

Lin Yutang, ein ins amerikanische Exil gegangener chinesischer Philosoph, erklärt uns in seinem berühmten Buch *The Importance of Living*:

»Nach dem ausgiebigen Studium der chinesischen Literatur und Philosophie komme ich zu dem Schluss, dass das höchste Ideal der chinesischen Geisteskultur immer der Mensch gewesen ist, bei dem sich auf dem Gefühl weiser Ernüchterung ein Bewusstsein von Unbeteiligtheit oder Abgetrenntheit (*takuan*) dem Leben gegenüber herausgebildet hat. Aus dieser Abgezogenheit kommt *das Hochgemute* (*k'uanghuai*); eine Hochgemutheit nämlich, die den Menschen instand setzt, mit nachsichtiger Ironie durchs Leben zu gehen und den Verlockungen des Ruhms, des Reichtums und des Tatwillens zu entrinnen, also dass er hinnimmt, was ihm begegnet. Aus dieser Abgezogenheit entspringt sodann der Freiheitssinn des Menschen, seine Liebe zum Landstreichertum, sein Stolz und seine heitere Gelassenheit. Nur mit dem Gefühl für Freiheit und heitere Gelassenheit gelangt man letztlich zu durchdringender und kraftvoller Freude am Leben. (...)

Der Genuss eines müßigen Lebens kostet kein Geld. Die Fähigkeit zu solchem Genuss ist sogar bei der begüterten Schicht ziemlich verloren gegangen und findet sich nur bei Leuten, die dem Reichtum mit souveräner Verachtung begegnen. Es gehört dazu ein innerer Reichtum der Seele: der betreffende Mensch muss das einfache Leben lieben, und das Geschäft des Geldverdienens muss ihn ungeduldig stimmen. Es wird immer genügend Leben geben, um es zu genießen – für den, der entschlossen ist, es zu tun.«[4]

Wenn die Chinesen auch schon seit den frühesten Zeiten der Menschheit immer eine gewisse Form des Müßiggangs verehrt haben, so bietet die Welt der Tiere unserer Bewunderung ein noch älteres und noch vollkommeneres Beispiel an natürlichem Dilettantismus.

Anscheinend hat das Faultier – und zwar in der Erscheinungsform, die wir heutzutage in bestimmten Teilen des amazonischen Urwalds antreffen können – seit prähistorischer Zeit alle Wechselfälle eines Lebens in der Wildnis überlebt. Eine Feststellung, die die sakrosankte Theorie des »struggle for life« entscheidend zu entkräften scheint. Wie könnte man diese nämlich mit der sagenhaften Langlebigkeit einer für den Wettbewerb so wenig begabten Art in Einklang bringen?

Es ist übrigens sicherlich kein Zufall, dass ausgerechnet ein amerikanischer Forscher, J.K. Summerville, fast fünfzehn Jahre seines Lebens damit verbrachte, die seltenen Bewegungen dieses unbekümmerten Querkopfs in seiner natürlichen Umgebung zu beobachten.

Ganz wie es Mode geworden ist seit Konrad Lorenz, der über Monate hinweg bis zum Gürtel im Schlamm eines Tümpels verbracht hatte, um sich besser in eine Gruppe von Schwimmvögeln zu integrieren, auf die er sein Auge geworfen hatte, versuchte Summerville offenbar, gänzlich die Sitten des Faultiers zu übernehmen – eine Vorgehensweise, die sich rasch als sehr viel akrobatischer und asketischer erweisen sollte, als er zu Beginn erwartet hatte, da sich das Tier bisweilen zehn Tage lang an denselben Ast klammert, ohne die geringste Anwandlung, seine Lage zu wechseln (schläft oder meditiert es dabei? Das bleibt ungewiss, und J.K.s Schlussfolgerungen sind diesbezüglich nicht eindeutig), und nur unter dem Druck äußerster Notwendigkeit heruntersteigt: Hunger und Stuhlgang (»während des großen und kleinen Geschäfts«, versichert J.K., »schließt es die Augen mit einem Ausdruck, den wir als stilles Vergnügen zu bezeichnen wagen«); zum anderen lässt sich das Faultier, befindet es sich einmal am Boden, viel Zeit und bewegt sich mit einer Geschwindigkeit von nur fünfzig Metern pro Stunde, wobei es häufig in Zustände seltsamer Zerstreutheit verfällt, während derer es sein ursprüngliches Vorhaben sichtlich vergisst und sich, den Bauch in der Sonne, bequem im Gras niederlässt – erneut schlafend oder meditierend, und dies mehr oder weniger zeitlich unbegrenzt ... (Im Wasser fühlt sich das Faultier noch wohler: Da es das einzige Tier der Schöpfung ist, das auf dem Rücken schwimmt, wobei ihm sein enormer Bauch als Schwimmkörper dient, braucht es nur die Arme als kleine Ruder zu benutzen, um sich lässig auf den Wellen fortzubewegen ...)

Schließlich wird beim Betrachten der von Summerville gemachten Fotos deutlich – und damit rühren wir an die erhabene Seite der über dieses Tier angestellten Beobachtungen –, dass das Faultier bei seinem gewohnten unbekümmerten Hin und Her oder seinen schläfrigen Meditationen nie sein Lächeln verliert, das wir nicht anders als den Ausdruck vollkommener Glückseligkeit beschreiben können (»Gehört das Faultier etwa zu den Seligen?«, fragt sich der amerikanische Forscher besorgt).

Das Überraschendste aber, was Summerville uns berichtet, sind die erotischen und sexuellen Gewohnheiten des Tieres: Zwar ziehen sich die Annäherungsversuche mühsam in die Länge, doch wenn die Tiere sich dann schließlich paaren, brechen beide Partner völlig unerwartet und ohne die geringste Scham in lang anhaltende frenetische Zuckungen aus – wonach sie erschöpft, aber weiterhin beglückt wieder in ihre gewohnte Halblethargie verfallen. (J. K. gesteht seine Ratlosigkeit ein, was diesen Punkt betrifft: Bekunden sie wirkliche Begeisterung, oder unterliegen sie den Gesetzen ihrer Art?)

Wie dem auch sei, der Artikel, dem ich all diese Auskünfte über Summervilles Forschungen habe entnehmen können, gibt uns zu verstehen, dass der berühmte Forscher seit seiner Rückkehr gewisse Schwierigkeiten habe, sich wieder in den Rhythmus des »aktiven Lebens« einzufinden. Anscheinend verlässt J. K. nur noch selten das Haus, seine Verleger klagen bitter über die extreme Langsamkeit, mit der er die Niederschrift seines so lange erwarteten Werks *Die Faultiere verstehen* fortsetzt, und seine Frau hat offenbar größte Mühe, ihn zu bewegen, sich doch bitte ab und zu aus der Hängematte zu quälen, die er auf der Galerie aufgehängt hat, wo er ganze Tage verbringt ... (mit Schlafen oder Meditieren? Die Autoren des Artikels sind offenbar nicht in der Lage, dies eindeutig zu bestimmen.)

Einige unter uns behaupten heute, da wir in die Freizeitgesellschaft eintreten, die bislang in die Arbeitswelt investierte Energie würde von nun an in ein großes Universum des Vergnügens gelenkt und wir Dilettanten, die wir dadurch unseren Status als Randfiguren verlören, könnten nun endlich, ganz wie Samuel Johnson es wünscht, zahlreiche neue Spielkameraden finden.

Es sei mir erlaubt, dies anzuzweifeln.

Genügt es nicht, die allgemeine Geisteshaltung zu beobachten, die schon jetzt in den Errungenschaften des Tourismus, der Ferienklubs, des Sports und der Massenkultur herrscht, um festzustellen, dass diejenigen, zu deren unwandelbarem Temperament es gehört, zu produzieren und aktiv zu sein, im Falle, dass sie sich plötzlich um das Vergnügen kümmern, gar nicht anders können als – zunächst unbewusst, dann willentlich – auch dort die Grundprinzipien einzuführen, von denen sie schon immer beseelt waren: Leistungsfähigkeit, Wirtschaftlichkeit, Professionalität, Erlösung durch Leiden? (Hatten Sie je Gelegenheit, jene gigantischen Prozessionen moderner Flagellanten zu betrachten, welche offensichtlich Marathonläufer oder Jogger verkörpern, denen man in den Straßen beggegnet, mit vor Anstrengung verzerrten Gesichtern, ihr ganzes Wesen auf den Freikauf ihrer Seele gerichtet?)

Aber ob wir es nun wollten oder nicht, das wäre nie etwas für uns unverbesserliche Epikureer!

Selbst wenn unsere Aktivitäten sich scheinbar mit den ihren vermengten, würden sie sich noch immer zutiefst von ihnen unterscheiden. In der Tat wäre es schwer vorstellbar, dass es uns je gelänge, von dem uns charakterisierenden unbekümmerten Dilettantismus zu lassen. Kurz gesagt, während wir uns weiter harmlos vergnügen, werden sie, wie es ein zeitgemäßer Komiker so treffend ausgedrückt hat, »hart daran arbeiten, sich zu amüsieren, die Armen«!

Übrigens könnten wir uns fragen, inwieweit die neue Freizeitgesellschaft unsere eigensinnige Untauglichkeit hinnehmen wird. Wird sie es uns erlauben, auf ihre Wettbewerbe zu verzichten und ihren Leistungshunger zu verachten? Wird sie nicht versuchen, alle heimlichen Dilettanten aufzuspüren und zu überführen? Woraufhin diese dann behutsam, aber entschlossen wieder auf den rechten Pfad der »seriösen« Freizeitgestaltung gebracht würden. Man weiß, mit welch aufmerksamer Fürsorge die moderne Gemeinschaft ihre verlorenen Schafe wieder zurückführt!

Welche Alternative wird sich uns in einem solch düsteren Fall noch bieten? Werden wir im Geheimen praktizieren müssen, versteckt in neuen Katakomben? Mit verschlüsselten Botschaften untereinander kommunizieren und uns den Behörden gegenüber zuverlässig zeigen müssen? Bleibt uns als Ausweg, in jenen Gefilden Zuflucht suchen zu können, die immer schon Heimat der Exzentriker waren: die britischen Inseln (zumindest solange diese selbst noch Widerstand leisten)? Werden wir dann ein Leben kennenlernen, das dem jenes Jenkins vergleichbar ist, der von Edith Sitwell in ihrer Sammlung *Englische Exzentriker*[5] erwähnt wird und der »damals ein wackerer Arbeiter im Alter von einhundertfünfundsiebzig Jahren war. Sein Biograf teilt uns – außer sich vor Bewunderung – mit, dass dieser quicklebendige alte Mensch das letzte Jahrhundert seines Lebens als Fischer zugebracht habe und häufig beobachtet wurde, wie er im Fluss schwamm, wobei sich seine Barthaare wie Gräser auf dem bewegten Wasser ausbreiteten«.

Ich kann zumindest versichern, dass sich die Situation dort noch vor Kurzem ebenso günstig zeigte wie in der Vergangenheit, was die folgende, letzte Anekdote hoffentlich bezeugen wird.

Als ich mitten im englischen Winter an einem windigen Tag durch den öffentlichen Park spazierte, der oberhalb der Ansammlung kleiner Häuser aus roten Backsteinen liegt, welche das Arbeiterviertel von Sheffield bilden, stieß ich hinter einem Gebüsch, das ihn mir zunächst verborgen hatte, auf einen ehrenwerten Untertanen Ihrer Majestät. Stolz trug er einen schönen, wohlgestutzten Schnurrbart zur Schau, er hatte eine Tweed-Mütze auf dem Kopf, über Jackett und Krawatte trug er eine gesteppte Jacke und saß, die Pfeife im Mund, auf einem Klappstuhl inmitten einer Wiese; mit einer Hand hielt er die Spule, in der anderen die Schnur, die ihn in einer langen anmutigen Kurve mit einem prächtigen roten Drachen verband, der verloren hoch oben am unruhigen Himmel schwebte, in dem dicke Wolken wie wütende Elefanten in schnellem Lauf dahinjagten.

Als ich bei ihm vorbeikam und ihn mit einem Kopfnicken grüßte, sprach er mich an:

»Wären Sie so liebenswürdig und würden dies hier einen Augenblick halten?«

Ich entgegnete, es sei mir ein Vergnügen, und er reichte mir Spule und Schnur, die ich mit ausgestreckten Armen hielt, wobei ich übrigens höchst erstaunt war über die Stärke der einwirkenden Zugkraft; derweilen griff er in eine Art Tasche, wie man sie für Markteinkäufe benutzt, und zog eine Thermosflasche heraus, aus der er sich heißen Tee in einen Trinkbecher goss, dann fügte er aus einem winzigen Döschen, das er aus seiner Jackentasche gezogen hatte, Milch hinzu und begann ruhig in kleinen Schlucken zu trinken, während er mich aus den Augenwinkeln beobachtete:

»Nicht so stark, mein Junge, entspannen Sie sich, geben Sie ihm ein bisschen Leine!«

Er zog einen zweiten, diesmal ganz verbeulten Trinkbecher hervor und fragte:

»Etwas Tee?«

»Gern.«

Nachdem er Tee und Milch in den mir zugedachten Becher gegossen hatte, reichte er ihn mir und nahm Spule und Schnur wieder an sich; ich stand neben ihm und trank in langsamen Schlucken, während der Wind seine Anstrengungen verdoppelte, wie um ihm die Schnur aus den Händen zu reißen. Eine geraume Zeit lenkte er schweigend den Drachen, den Blick zum Himmel gerichtet, dem Ansturm von oben gelassen Widerstand leistend; dann, ohne den Kopf zu drehen, sagte er plötzlich:

»Ein herrliches Wetter, nicht wahr?«

Hoffen wir jedoch, dass die Entwicklung der Lebensgewohnheiten niemals zu so beschwerlichen Extremen wie den oben beschriebenen führen wird und wir in der Zukunft nur die gewohnte, mehr oder weniger verächtliche Missbilligung der ehrenwerten Leute zu bekämpfen haben und dass wir außerdem, wenn sie uns, wie es ihre Art ist, ungläubig nach dem fragen, was sie als unsere seltsamen Tätigkeiten ansehen, die Geistesgegenwart besitzen, uns an die Worte des Zen-Mönchs Ryokan zu erinnern, der in einer solchen Situation zu sagen pflegte:

> Im Frühling der hundert Blüten spiele ich
> auf den großen Wegen Ball.
> Wenn ein Passant mich im Vorübergehen fragt,
> so antworte ich:
> »Ich bin ein müßiger Mann in einer friedlichen Zeit.«

ANMERKUNGEN

1 Courte- und Longue-Paume sind in Frankreich noch heute gepflegte Vorläuferformen des Tennis.
2 dt.: *Witterungen*, übers. von Dieter Hornig, Graz (Droschl) 2001.
3 Robert Louis Stevenson, *An Apology for Idlers*, in: *Virginibus Puerisque*, New York, London (Scribner) 1921, S. 85f.
4 Lin Yutang, *Weisheit des lächelnden Lebens*, übers. v. W.E. Süskind, Stuttgart (Deutsche Verlags-Anstalt) 1949 [13.-17.Tsd], S. 18 und 174.
5 Edith Sitwell, *Englische Exzentriker: eine Galerie höchst merkwürdiger und bemerkenswerter Damen und Herren*, übers. v. Kyra Stromberg, Berlin (Wagenbach) 1987, S. 36.

© José Corti 2002
© Verlagsbuchhandlung Liebeskind 2019
Alle Rechte vorbehalten

Typografie und Satz: Frese Werkstatt, München
Herstellung und Umschlaggestaltung: Sieveking München
Druck und Bindung: CPI books GmbH, Leck

ISBN 978-3-95438-111-1